мактаб - maktab	2
саёҳат - sayohat	5
транспорт - transport	8
шаҳар - shahar	10
манзара - manzara	14
ресторан - restoran	17
супермаркет - supermarket	20
ичимликлар - ichimliklar	22
таом - taom	23
чорвачилик хўжалиги - chorvachilik xo'jaligi	27
уй - uy	31
меҳмонхона - mehmonxona	33
ошхона - oshxona	35
ваннахона - vannaxona	38
болалар хонаси - bolalar xonasi	42
кийим - kiyim	44
идора - idora	49
иқтисод - iqtisod	51
касблар - kasblar	53
асбоблар - asboblar	56
мусиқа асбоблари - musiqa asboblari	57
ҳайвонот боғи - hayvonot bog'i	59
спорт ўйинлари - sport o'yinlari	62
машғулот - mashg'ulot	63
оила - oila	67
тана - tana	68
шифохона - shifoxona	72
тез ёрдам - tez yordam	76
Ер - yer	77
соат - soat	79
хафта - xafta	80
йил - yil	81
шакллар - shakllar	83
ранглар - ranglar	84
қарама-қарши маъноли сўзлар - qarama-qarshi ma'noli so'zlar	85
рақамлар - raqamlar	88
тиллар - tillar	90
ким / нима / қандай - kim / nima / qanday	91
қаерда - qayerda	92

Impressum
Verlag: BABADADA GmbH, Nedderfeld 112 , 22529 Hamburg
Geschäftsführer / Verlagsleitung: Harald Hof
Druck: Books on Demand GmbH, In de Tarpen 42, 22848 Norderstedt

Imprint
Publisher: BABADADA GmbH, Nedderfeld 112 , 22529 Hamburg, Germany
Managing Director / Publishing direction: Harald Hof
Print: Books on Demand GmbH, In de Tarpen 42, 22848 Norderstedt, Germany

мактаб
maktab

- синф / sinf
- бўлмоқ / bo'lmoq
- доска / doska
- мактаб ҳовлиси / maktab hovlisi
- ўқитувчи / o'qituvchi
- қоғоз / qog'oz
- ёзмоқ / yozmoq
- ручка / ruchka
- иш столи / ish stoli
- линейка / lineyka
- китоб / kitob
- ўқувчи / o'quvchi

осма сумка

osma sumka

қаламдон

qalamdon

қалам

qalam

қалам учлагич

qalam uchlagich

ўчиргич

o'chirgich

расм албоми

rasm albomi

чизмачилик
chizmachilik

бўёқ чўтка
bo'yoq cho'tka

бўёқдон
bo'yoqdon

қайчи
qaychi

елим
yelim

машғулот дафтари
mashg'ulot daftari

уй иши
uy ishi

рақам
raqam

2+2

қўшмоқ
qo'shmoq

айирмоқ
ayirmoq

кўпайтирмоқ
ko'paytirmoq

ҳисобламоқ
sanamoq

хат
xat

алифбо
alifbo

сўз
so'z boyligi

мактаб - maktab

матн
matn

ўқимоқ
o'qimoq

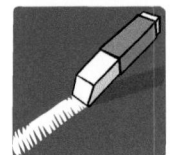
бўр
bo'r

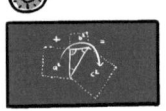
дарс
dars

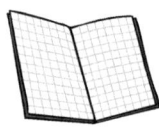
журнал
jurnal

имтиҳон
imtihon

гувоҳнома
guvohnoma

мактаб формаси
maktab formasi

таълим
ta'lim

қомус
qomus

олийгоҳ
oliygoh

микроскоп
mikroskop

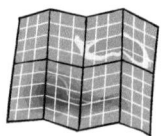
харита
xarita

урна
urna

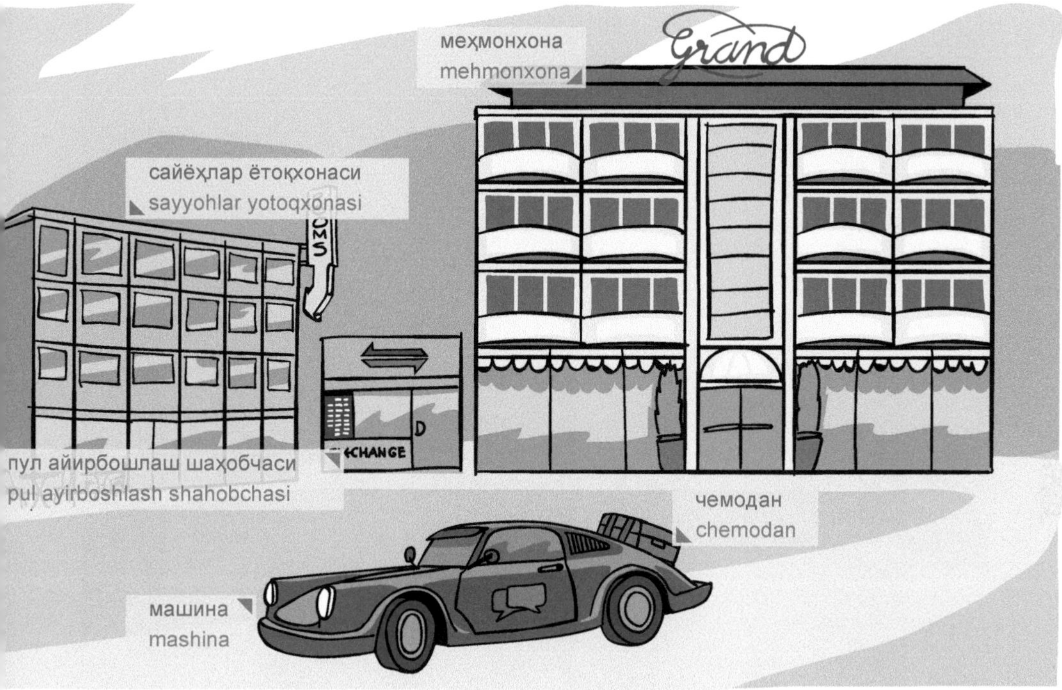

саёҳат
sayohat

меҳмонхона / mehmonxona

сайёҳлар ётоқхонаси / sayyohlar yotoqxonasi

пул айирбошлаш шаҳобчаси / pul ayirboshlash shahobchasi

чемодан / chemodan

машина / mashina

тил
til

ҳа / йўқ
ha / yo'q

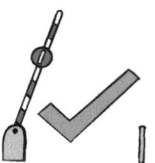

Хўп
Xo'p

салом
salom

таржимон
tarjimon

Раҳмат
Raxmat

неча пул...?
necha pul...?

Тушунмадим
Tushunmadim

муаммо
muammo

Хайрли кеч!
Xayrli kech!

Хайрли тонг!
Xayrli tong!

Хайрли тун!
Xayrli tun!

кўришгунча
ko'rishguncha

йўналиш
yo'nalish

йўловчи юки
yo'lovchi yuki

сафархалта
safarxalta

юк халта
yuk xalta

меҳмон
mehmon

хона
xona

уйқуқоп
uyquqop

чодир
palatka

саёҳларга маълумот бериш столи

sayohlarga ma'lumot berish stoli

пляж

plyaj

омонат карта

omonat karta

нонушта

nonushta

нонушта

nonushta

кечки овқат

kechki ovqat

чипта

chipta

лифт

lift

марка

marka

чегара

chegara

божхона

bojxona

элчихона

elchixona

виза

viza

паспорт

pasport

саёҳат - sayohat

транспорт
transport

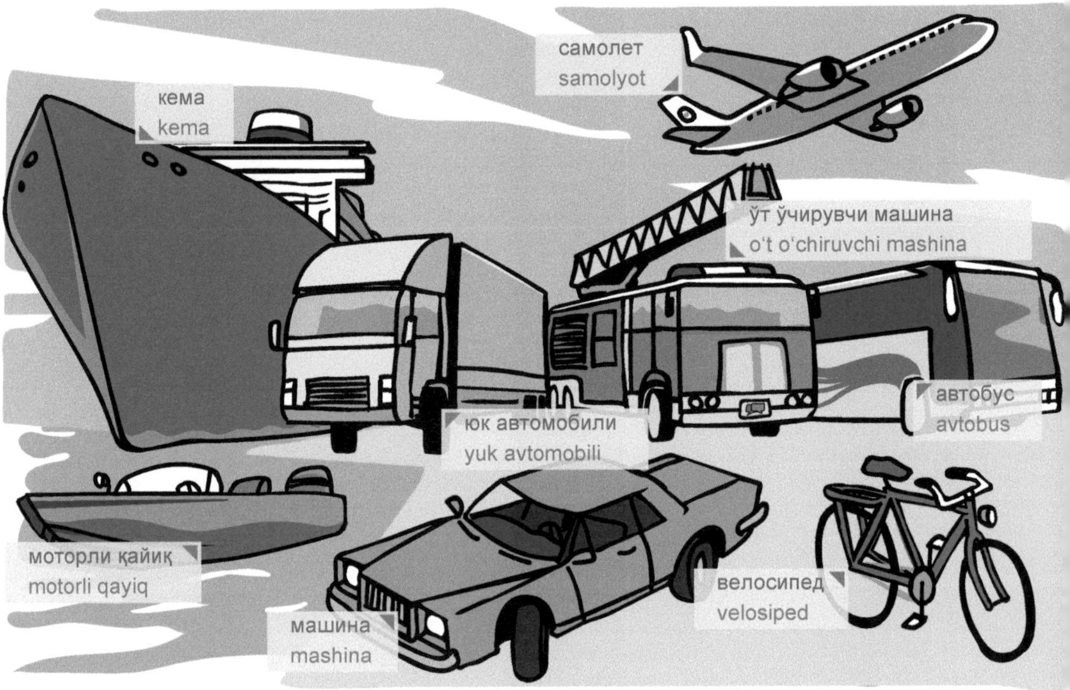

- кема / kema
- самолёт / samolyot
- ўт ўчирувчи машина / o't o'chiruvchi mashina
- юк автомобили / yuk avtomobili
- автобус / avtobus
- моторли қайиқ / motorli qayiq
- машина / mashina
- велосипед / velosiped

солсимон ясси кема
solsimon yassi kema

қайиқ
qayiq

мотоцикл
mototsikl

посбон машинаси
posbon mashinasi

пойга машинаси
poyga mashinasi

ижарага олинган автоулов
kiraga olingan avtoulov

автоижара
avtoijara

шатакка олувчи юк
автомобили
shatakka oluvchi yuk avtomobili

ахлат машинаси
axlat mashinasi

мотор
motor

ёқилғи
yoqilg'i

ёқилғи қуйиш шаҳобчаси
yoqilg'i quyish shahobchasi

йўл белгиси
yo'l belgisi

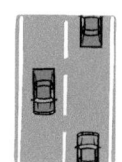

йўл ҳаракати
yo'l harakati

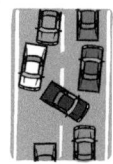

тирбанд
tirband

автомобил тўхтаб туриш жойи
avtomobil to'xtab turish joyi

поезд бекати
poyezd bekati

рельс
rels

поезд
poyezd

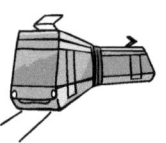

трамвай
tramvay

вагон
vagon

транспорт - transport

вертолёт
vertolyot

аэропорт
aeroport

минора
minora

йўловчи
yo'lovchi

контейнер
konteyner

қоғоз қути
qog'oz quti

аравача
aravacha

сават
savat

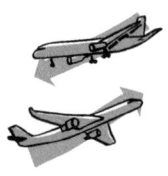

учмоқ / қўнмоқ
uchmoq / qo'nmoq

шаҳар
shahar

қишлоқ
qishloq

шаҳар маркази
shahar markazi

уй
uy

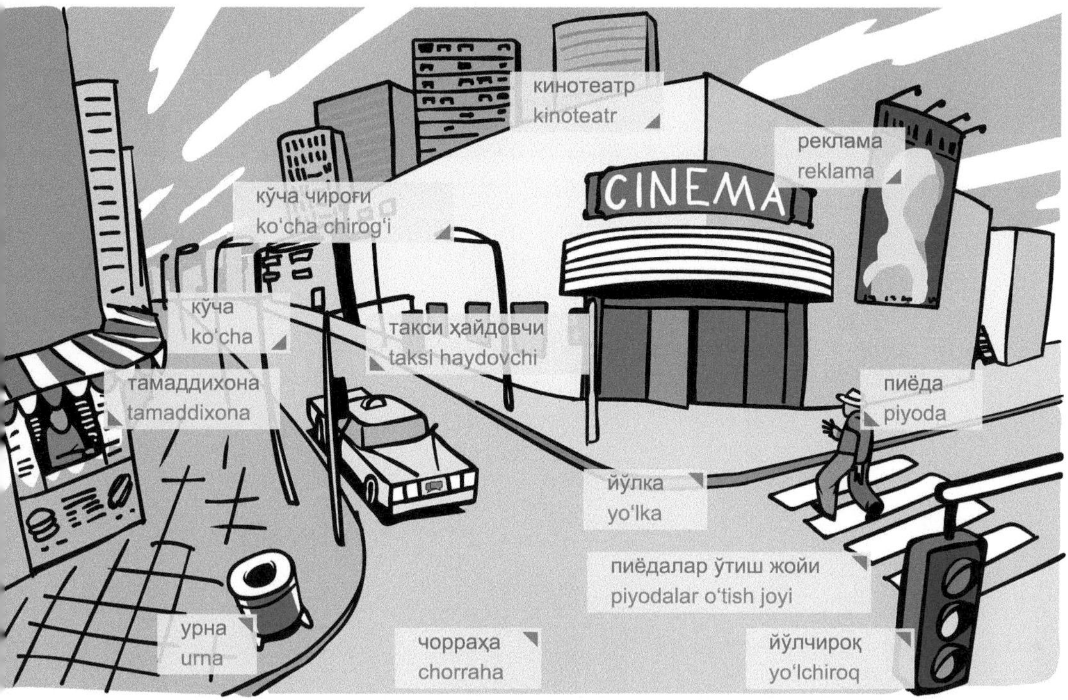

кинотеатр
kinoteatr

реклама
reklama

кўча чироғи
ko'cha chirog'i

кўча
ko'cha

такси ҳайдовчи
taksi haydovchi

тамаддихона
tamaddixona

пиёда
piyoda

йўлка
yo'lka

пиёдалар ўтиш жойи
piyodalar o'tish joyi

урна
urna

чорраҳа
chorraha

йўлчироқ
yo'lchiroq

кулба
kulba

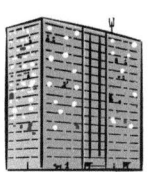

квартира
kvartira

поезд бекати
poyezd bekati

маҳаллий ҳокимият биноси
mahalliy hokimiyat binosi

музей
muzey

мактаб
maktab

шаҳар - shahar

олийгоҳ
oliygoh

банк
bank

шифохона
shifoxona

меҳмонхона
mehmonxona

дорихона
dorixona

идора
idora

китоб дўкони
kitob do'koni

дўкон
do'kon

гул дўкони
gul do'koni

супермаркет
supermarket

бозор
bozor

универмаг
univermag

балиқ дўкони
baliq do'koni

савдо маркази
savdo markazi

бандаргоҳ
bandargoh

шаҳар - shahar

истироҳат боғи
istirohat bog'i

банк
bank

кўприк
ko'prik

зинапоя
zinapoya

метро
metro

ер ости йўли
yer osti yo'li

автобус бекати
avtobus bekati

бар
bar

ресторан
restoran

почта қутиси
pochta qutisi

кўча ёзув осма тахтаси
ko'cha yozuv osma taxtasi

тўхтаб туриш вақтини ҳисоблагич
to'xtab turish vaqtini hisoblagach

ҳайвонот боғи
hayvonot bog'i

бассейн
basseyn

масжид
masjid

шаҳар - shahar

чорвачилик хўжалиги
chorvachilik xoʻjaligi

атроф-муҳит ифлосланиши
atrof-muhit ifloslanishi

қабристон
qabriston

ибодатхона
ibodatxona

болалар ўйингоҳи
bolalar oʻyingohi

эҳром
ehrom

манзара
manzara

- япроқ / yaproq
- йўлкўрсатгич / yoʻlkoʻrsatgich
- йўл / yoʻl
- ўтлоқ / oʻtloq
- тош / tosh
- дарахт / daraxt
- пиёда сайёҳ / sayyoh
- дарё / daryo
- майса / maysa
- гул / gul

манзара - manzara

водий
vodiy

қир
qir

кўл
koʻl

ўрмон
oʻrmon

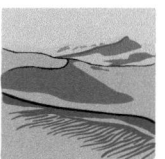
чўл
choʻl

вулкан
vulkan

қалъа
qalʼa

камалак
kamalak

қўзиқорин
qoʻziqorin

пальма дарахти
palma daraxti

пашша
pashsha

чивин
chivin

чумоли
chumoli

асалари
asalari

ўргимчак
oʻrgimchak

манзара - manzara

қўнғиз

qo'ng'iz

қурбақа

qurbaqa

олмахон

olmaxon

типратикон

tipratikon

қуён

quyon

укки

ukki

қуш

qush

оққуш

oqqush

эркак чўчқа

erkak cho'chqa

буғу

bug'u

бутоқ шохли кийик

butoq shohli kiyik

тўғон

to'g'on

шамол генератори

shamol generatori

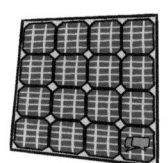

қуёш батареяси

quyosh batareyasi

иқлим

iqlim

ресторан
restoran

официант
ofitsiant

таомнома
taomnoma

стул
stul

шўрва
sho'rva

пицца
pitstsa

ошхона анжомлари
oshxona anjomlari

дастурхон
dasturxon

газак
gazak

асосий таом
asosiy taom

десерт
desert

ичимликлар
ichimliklar

таом
taom

бутилка
butilka

тез пишар таом
tez pishar taom

кўча таоми
ko'cha taomi

чойнак
choynak

шакардон
shakardon

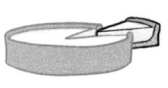
порция
portsiya

эспрессо кофе машинаси
espresso kofe mashinasi

болалар курсичаси
bolalar kursichasi

ҳисоб
hisob

лаган
lagan

пичоқ
pichoq

санчқи
sanchqi

қошиқ
qoshiq

чой қошиқ
choy qoshiq

қўл сочиқ
qo'l sochiq

стакан
stakan

ликоп
likop

шўрва коса
sho'rva kosa

тақсимча
taqsimcha

қайла
qayla

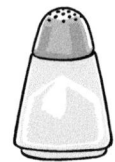

туздон
tuzdon

қалампир янчгич
qalampir yanchgich

сирка
sirka

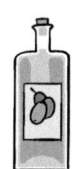

ёғ
yog'

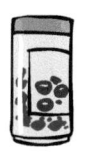 

зираворлар
ziravorlar

кетчуп
ketchup

хантал
xantal

майонез
mayonez

супермаркет

supermarket

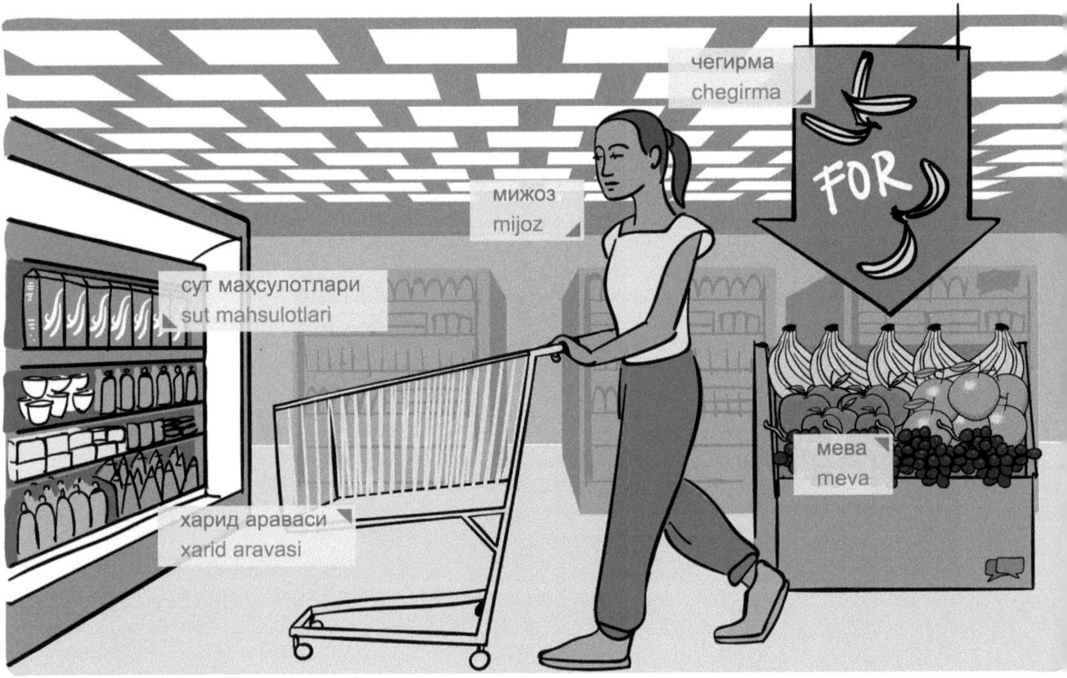

чегирма
chegirma
FOR
мижоз
mijoz
сут маҳсулотлари
sut mahsulotlari
мева
meva
харид араваси
xarid aravasi

BUTCHERS

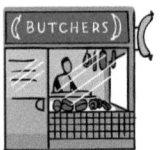

қассобхона

qassobxona

BAKERY

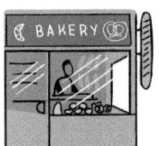

нонвойхона

nonvoyxona

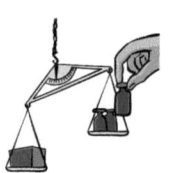

тарозида ўлчамоқ

tarozida oʻlchamoq

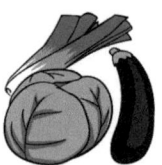

сабзавот

sabzavot

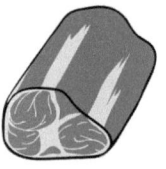

гўшт

goʻsht

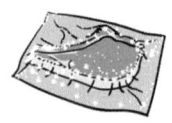

музлатилган таомлар

muzlatilgan taomlar

яхна гўшт

yaxna go'sht

консерва

konserva

кир ювиш воситаси

kir yuvish vositasi

ширинликлар

shirinliklar

кундалик истеъмол моллар

kundalik iste'mol taomlari

ювиш воситалари

yuvish vositalari

сотувчи

sotuvchi

касса аппарати

kassa

ғазначи

kassachi

харид рўйхати

xarid ro'yxati

иш вақти

ish vaqti

ҳамён

hamyon

омонат карта

omonat karta

халта

xalta

целлофан халта

tsellofan xalta

супермаркет - supermarket

ичимликлар
ichimliklar

сув

suv

шарбат

sharbat

сут

sut

кока-кола

koka-kola

вино

vino

пиво

pivo

спиртли ичимлик

spirtli ichimlik

какао

kakao

чой

choy

кофе

kofe

эспрессо

espresso

капучино

kapuchino

таом
taom

банан — olmaxon — апельсин
banan — олмахон — apelsin

банан	олмахон	апельсин
banan	olmaxon	apelsin

қовун	лимон	сабзи
qovun	limon	sabzi

саримсоқ	бамбук	пиёз
sarimsoq	bambuk	piyoz

қўзиқорин	ёнғоқ	лағмон
qo'ziqorin	yong'oq	lag'mon

спагетти
spagetti

гуруч
guruch

салат
salat

картошка-фри
kartoshka-fri

қовурилган картошка
qovurilgan kartoshka

пицца
pitstsa

гамбургер
gamburger

сэндвич
sendvich

тўқмоқланган тўш қиймаси
to'qmoqlangan to'sh qiymasi

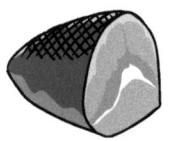

дудланган чўчқа гўшти
dudlangan cho'chqa go'shti

салями колбасаси
salyami kolbasasi

сосиска
sosiska

товуқ гўшти
tovuq go'shti

қовурилган
qovurilgan

балиқ
baliq

сули бўтқаси
suli bo'tqasi

мюсли
myusli

маккажўхори ёрмаси
makkajo'xori yormasi

ун
un

француз булочкаси
frantsuz bulochkasi

булочка
bulochka

нон
non

қизартирилган нон бўлаги
qizartirilgan non burdasi

пиширик
pishiriq

сариёғ
sariyog'

творог
tvorog

пирог
pirog

тухум
tuxum

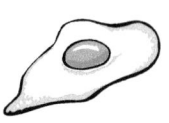
қовурилган тухум
qovurilgan tuxum

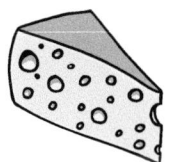
пишлоқ
pishloq

таом - taom

музқаймоқ
muzqaymoq

шакар
shakar

асал
asal

мураббо
murabbo

шоколад пастаси
shokolad pastasi

зарчава
zarchava

чорвачилик хўжалиги
chorvachilik xoʻjaligi

деҳқон уйи — dehqon uyi
пичанхона — pichanxona
похол тугуни — poxol tuguni
дала — dala
от — ot
тиркама — tirkama
қулун — qulun
трактор — traktor
эшак — eshak
қўзи — qoʻzi
қўй — qoʻy

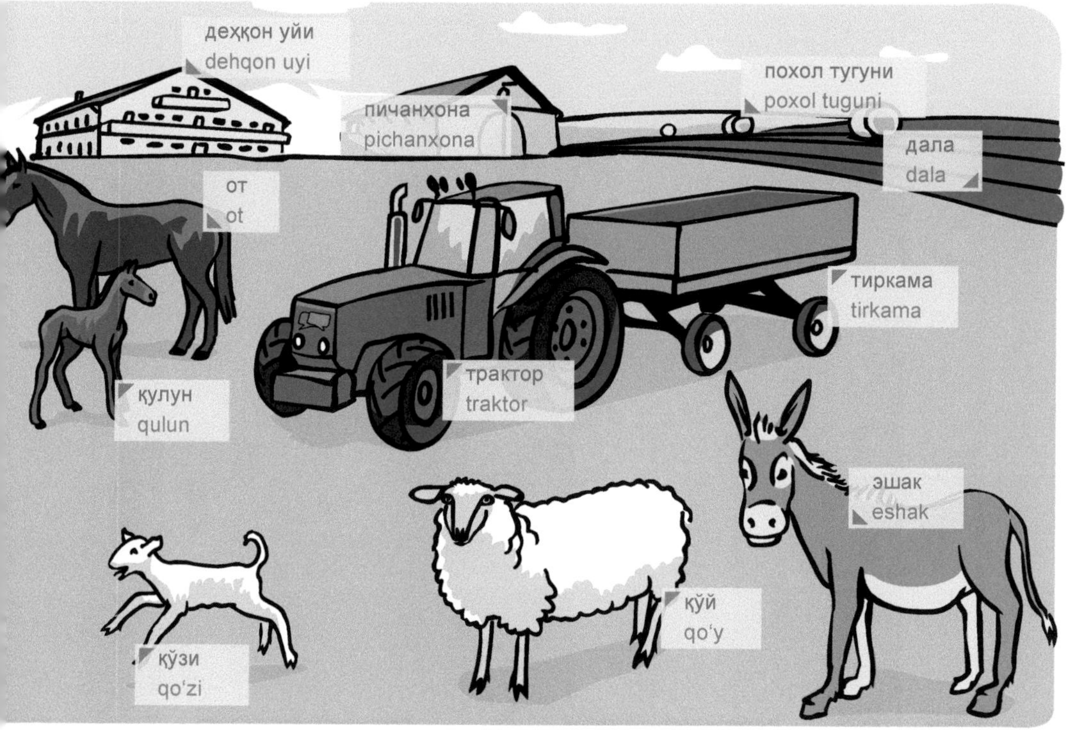

эчки
echki

сигир
sigir

бузоқ
buzoq

чўчқа
choʻchqa

чўчқа боласи
choʻchqa bolasi

буқа
buqa

ғоз
g'oz

ўрдак
o'rdak

жўжа
jo'ja

товуқ
tovuq

хўроз
xo'roz

каламуш
kalamush

мушук
mushuk

сичқон
sichqon

ҳўкиз
ho'kiz

ит
it

каталак
katalak

ҳовли боғ шланги
hovli bog' shlangi

гулчелак
gulchelak

белўроқ
belo'roq

темир омоч
temir omoch

чорвачилик хўжалиги - chorvachilik xo'jaligi

қўлўроқ
qo'lo'roq

чопқи
chopqi

паншаха
panshaxa

болта
bolta

ғалтакарава
g'altakarava

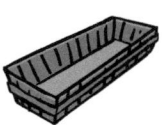

охур
oxur

сут бидони
sut bidoni

тўрва
to'rva

панжара
panjara

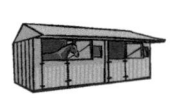

оғилхона
og'ilxona

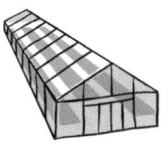

иссиқхона
issiqxona

тупроқ
tuproq

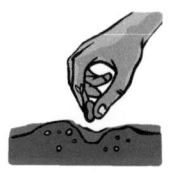

уруғ
urug'

ўғит
o'g'it

комбайн
kombayn

чорвачилик хўжалиги - chorvachilik xo'jaligi

ҳосил олмоқ
hosil olmoq

йиғим-терим
yig'im-terim

ямс
yams

буғдой
bug'doy

соя
soya

картошка
kartoshka

маккажўхори
makkajo'xori

рапс уруғи
raps urug'i

мевали дарахт
mevali daraxt

маниок
maniok

ёрма
yorma

уй
uy

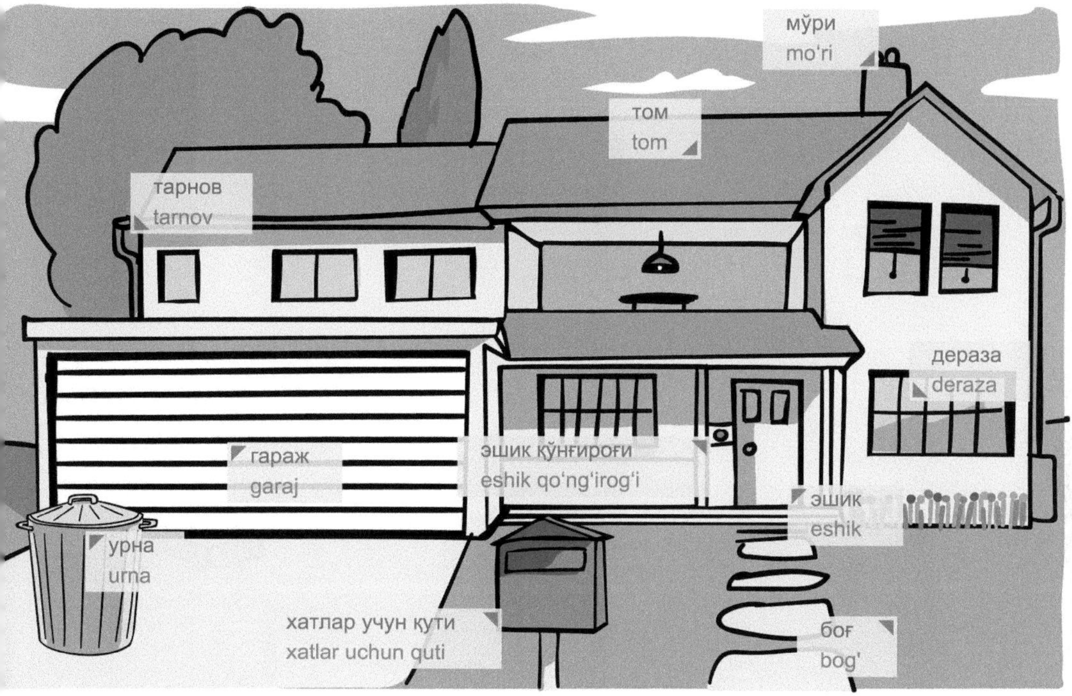

- мўри / mo'ri
- том / tom
- тарнов / tarnov
- дераза / deraza
- гараж / garaj
- эшик қўнғироғи / eshik qo'ng'irog'i
- эшик / eshik
- урна / urna
- хатлар учун қути / xatlar uchun quti
- боғ / bog'

меҳмонхона
mehmonxona

ваннахона
vannaxona

ошхона
oshxona

ётоқхона
yotoqxona

болалар хонаси
bolalar xonasi

ошхона
oshxona

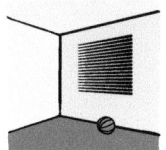

пол
pol

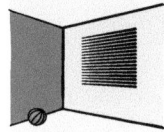

девор
devor

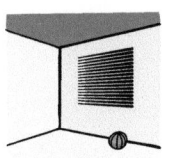

шип
ship

подвал
podval

сауна
sauna

болохона айвони
balkon

айвон
ayvon

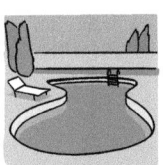

бассейн
basseyn

ўт ўргич машина
o't o'rgich mashina

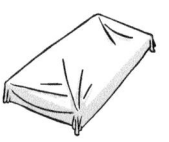

кўрпажилд
ko'rpajild

чойшаб
choyshab

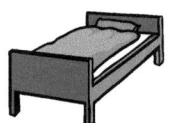

кроват
krovat

супурги
supurgi

пақир
paqir

мурват
murvat

меҳмонхона
mehmonxona

- сурат / surat
- гулқоғоз / gulqog'oz
- чироқ / chiroq
- токча / tokcha
- жавон / javon
- ўчоқ / o'choq
- телевизор / televizor
- гул / gul
- ёстиқ / yostiq
- гулдон / guldon
- диван / divan
- масофадан бошқариш пульти / masofadan boshqarish pulti

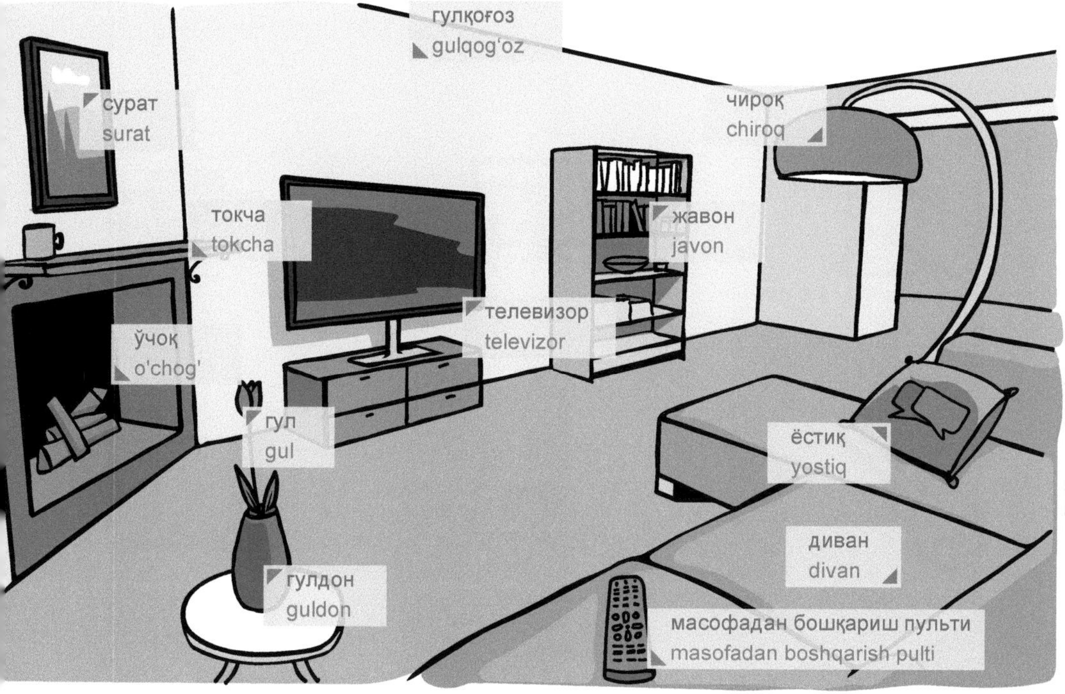

гилам
gilam

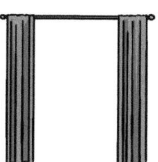

парда
parda

стол
stol

стул
stul

тебранма курси
tebranma kursi

кресло
kreslo

меҳмонхона - mehmonxona

китоб
kitob

кўрпа
ko'rpa

ҳашам
hasham

ўтин
o'tin

кино
kino

стерео қурилма
stereo qurilma

калит
kalit

рўзнома
gazeta

расм
rasm

плакат
plakat

радио
radio

ён дафтар
yon daftar

чанг ютгич
chang yutgich

кактус
kaktus

шам
sham

меҳмонхона - mehmonxona

ошхона
oshxona

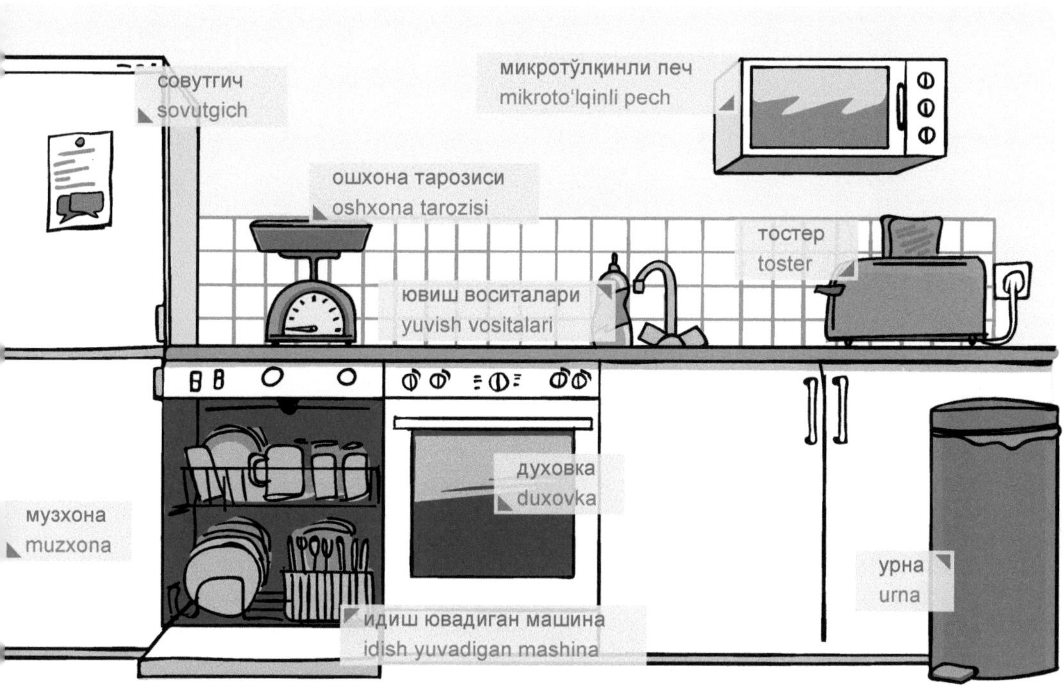

совутгич / sovutgich

микротўлқинли печ / mikrotoʻlqinli pech

ошхона тарозиси / oshxona tarozisi

тостер / toster

ювиш воситалари / yuvish vositalari

музхона / muzxona

духовка / duxovka

урна / urna

идиш ювадиган машина / idish yuvadigan mashina

плита
plita

кастрюль
kastryul

чўян қозон
choʻyan qozon

бўртма тубли това
boʻrtma tubli tova

това
tova

човгун
chovgun

мантиқасқон

mantiqasqon

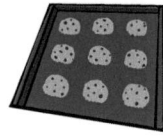

тунука това

tunuka tova

идиш

chinni idish

кружка

krushka

коса

kosa

таом ейиш таёқчалари

taom yeyish tayoqchalari

чўмич

choʻmich

куракча

kurakcha

кўпиртиргич

koʻpirtirgich

элак

chovli

элак

elak

қирғич

qirgʻich

ҳовонча

hovoncha

гриль

gril

олов

olov

оштахта

oshtaxta

жува

juva

пармасимон тиқин очгич

parmasimon tiqin ochgich

консерва

konserva

консерва очгич

konserva ochgich

тутгич

tutgich

унитаз

unitaz

идиш чўтка

idish cho'tka

қозонсочиқ

qozonsochiq

қориштиргич

qorishtirgich

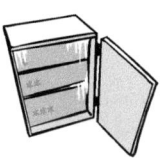

музлатгич

muzlatgich

сўрғичли чақалоқ бутилкаси

so'rg'ichli chaqaloq butilkasi

кран

kran

ваннахона
vannaxona

иситиш тизими / isitish tizimi
душ / dush
сочиқ / sochiq
дарпарда / darparda
кўпикли ванна / ko'pikli vanna
ванна / vanna
стакан / stakan
кир ювиш машинаси / kir yuvish mashinasi
кран / kran
кафель / kafel
тувак / tuvak
унитаз / unitaz

ҳожатхона

hojatxona

полга ўрнатиладиган унитаз

polga o'rnatiladigan unitaz

таҳоратдон

tahoratdon

сийдик унитази

siydik unitazi

ҳожатхона қоғози

hojatxona qog'ozi

ҳожатхона чўткаси

hojatxona cho'tkasi

тиш чўтка
tish cho'tka

тиш пастаси
tish pastasi

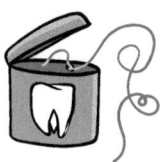
тиш тозалагич ип
tish tozalagich ip

ювмоқ
yuvmoq

дастакли душ
dastakli dush

таҳорат учун душ
tahorat uchun dush

тоғора
tog'ora

елка қашлайдиган чўтка
yelka qashlaydigan cho'tka

совун
sovun

душ учун гель
dush uchun gel

шампунь
shampun

мочалка
mochalka

қувур
quvur

крем
krem

дезодарант
dezodorant

кўзгу
ku'zgu

қўл кўзгуси
qo'l ku'zgusi

устара
ustara

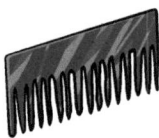

устара учун кўпик
ustara uchun ko'pik

салқинлантирувчи бальзам
salqinlantiruvchi balzam

тароқ
taroq

чўтка
cho'tka

фен
fen

соч учун лак
soch uchun lak

пардоз-андоз
pardoz-andoz

лаб учун помада
lab uchun pomada

тирноқ лаки
tirnoq laki

пахта
paxta

тирноқ қайчиси
tirnoq qaychisi

духи
atir

ваннахона - vannaxona

пардоз-андоз халтаси

pardoz-andoz xaltasi

курси

kursi

тарози

tarozi

чўмилиш халати

cho'milish xalati

резина қўлқоп

rezina qo'lqop

тампон

tampon

гигиеник таглик

gigiyenik taglik

биоҳожатхона

biohojatxona

болалар хонаси

bolalar xonasi

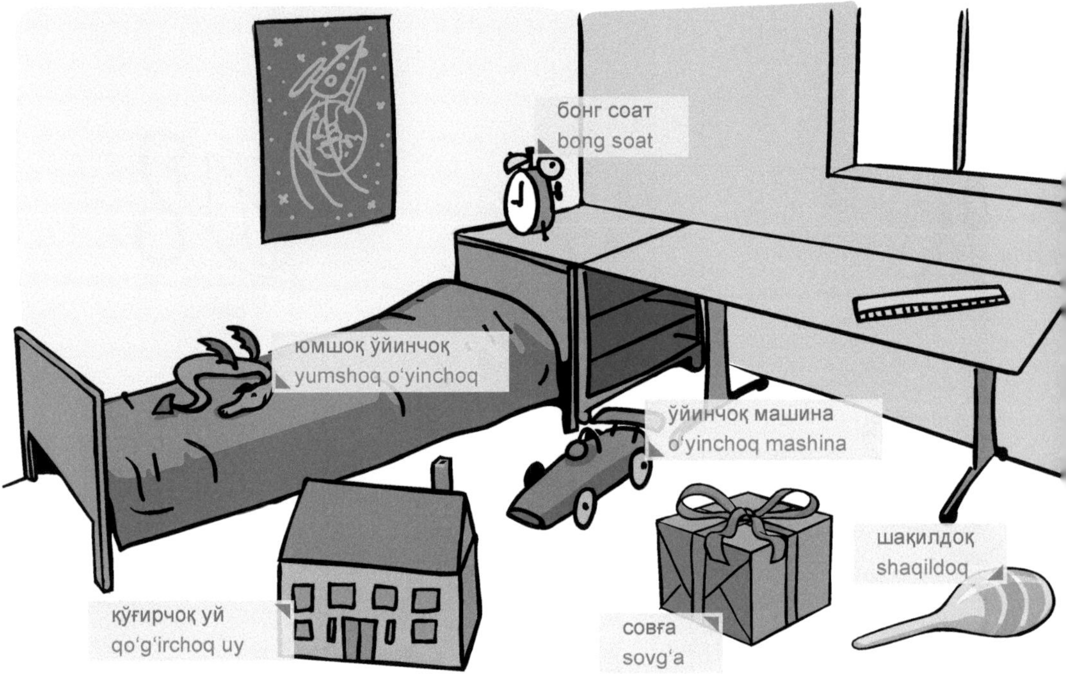

бонг соат
bong soat
юмшоқ ўйинчоқ
yumshoq o'yinchoq
ўйинчоқ машина
o'yinchoq mashina
шақилдоқ
shaqildoq
қўғирчоқ уй
qo'g'irchoq uy
совға
sovg'a

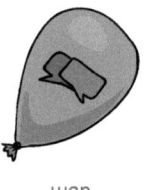

шар

shar

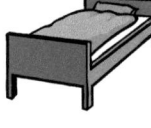

кроват

krovat

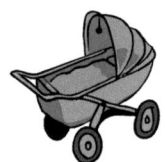

болалар аравачаси

bolalar aravachasi

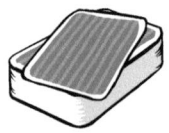

карта тўплами

karta to'plami

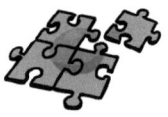

терма тасвир

terma tasvir

SUPER
MEGA

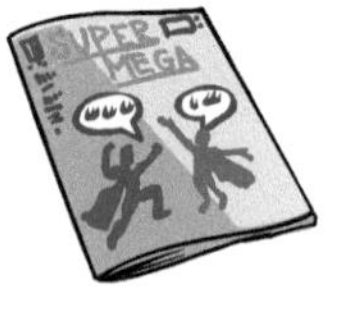

кулгили саҳна асари

kulgili sahna asari

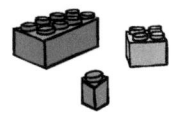

лего ғиштлари

lego g'ishtlari

ўйинчоқ кубиклар

o'yinchoq kubiklar

ўйинчоқ қаҳрамон

o'yinchoq qahramon

ползунка

polzunka

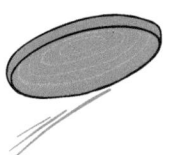

учар ликопча

uchar likopcha

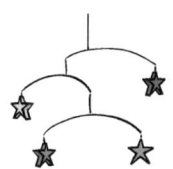

осма шақилдоқ

osma shaqildoq

стол ўйини

stol o'yini

ошиқ

oshiq

поезд макети

poyezd maketi

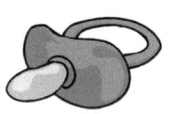

сўрғич

so'rg'ich

ўтириш

o'tirish

расмли китоб

rasmli kitob

копток

koptok

қўғирчоқ

qo'g'irchoq

ўйнамоқ

o'ynamoq

болалар хонаси - bolalar xonasi

қумдон
qumdon

арғимчоқ
arg'imchoq

ўйинчоқлар
o'yinchoqlar

ўйин приставкаси
o'yin pristavkasi

уч ғилдиракли велосипед
uch g'ildirakli velosiped

бахмал айиқ
baxmal ayiq

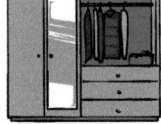

кийим шкафи
kiyim shkafi

кийим
kiyim

пайпоқ
paypoq

чулки
chulki

колготка
kolgotka

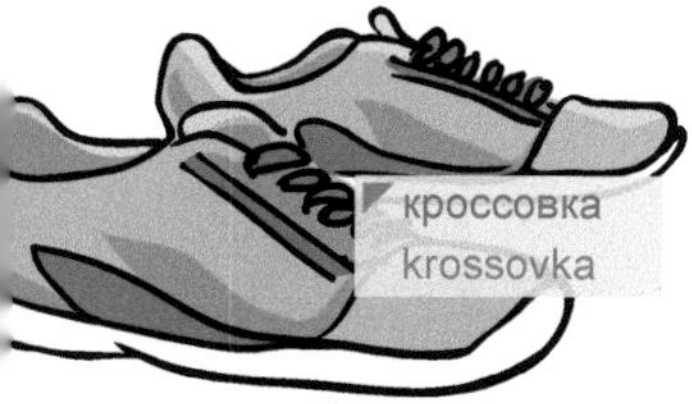

шарф / sharf

соябон / soyabon

футболка / futbolka

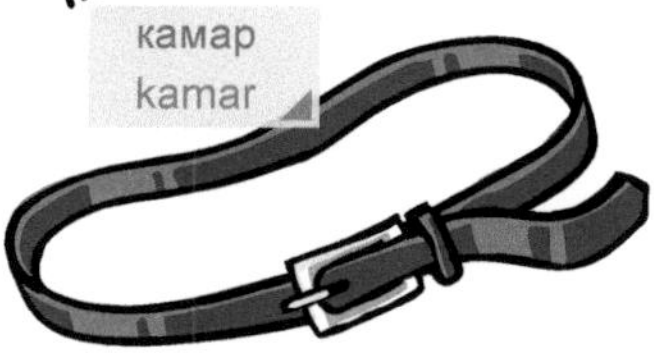

камар / kamar

кроссовка / krossovka

ботинка / botinka

тапочка / tapochka

шиппак
shippak

туфли
tufli

резина этик
rezina etik

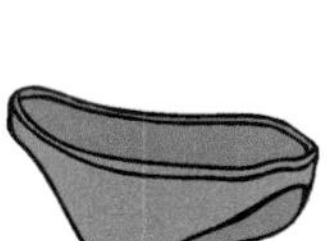

тор турсик
tor tursik

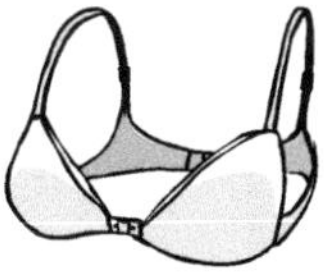

кўкракпеч
ko'krakpech

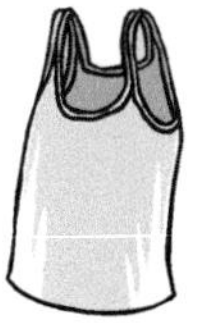

майка
mayka

кийим - kiyim

боди
bodi

иштон
ishton

жинси
jinsi

юбка
yubka

кофта
kofta

кўйлак
koʻylak

жемпер
jemper

узун чакмон
uzun chakmon

спорт бичимидаги пиджак
sport bichimidagi pidjak

куртка
kurtka

пальто
palto

плаш
plash

либос
libos

кўйлак
koʻylak

келин кўйлак
kelin koʻylak

кийим - kiyim

костюм шим
kostyum shim

тунги кўйлак
tungi ko'ylak

пижама
pijama

сари
sari

шолрўмол
sholro'mol

салла
salla

паранжи
paranji

чакмон
chakmon

абая
abaya

чўмилиш костюми
cho'milish kostyumi

турсик
tursik

шортик
shortik

спорт костюми
sport kostyumi

фартук
fartuk

қўлқоп
qo'lqop

кийим - kiyim

тугма
tugma

кўзойнак
koʻzoynak

билагузук
bilaguzuk

мунчоқ
munchoq

узук
uzuk

сирға
sirgʻa

кепка
kepka

пальто илгак
palto ilgak

шляпа
shlyapa

бўйинбоғ
boʻyinbogʻ

замок
zamok

дубулға
dubulgʻa

шим тортгич
shim tortgich

мактаб формаси
maktab formasi

форма
forma

кийим - kiyim

ошхўрак
oshxoʻrak

сўрғич
soʻrgʻich

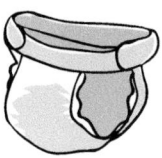
таглик
taglik

идора
idora

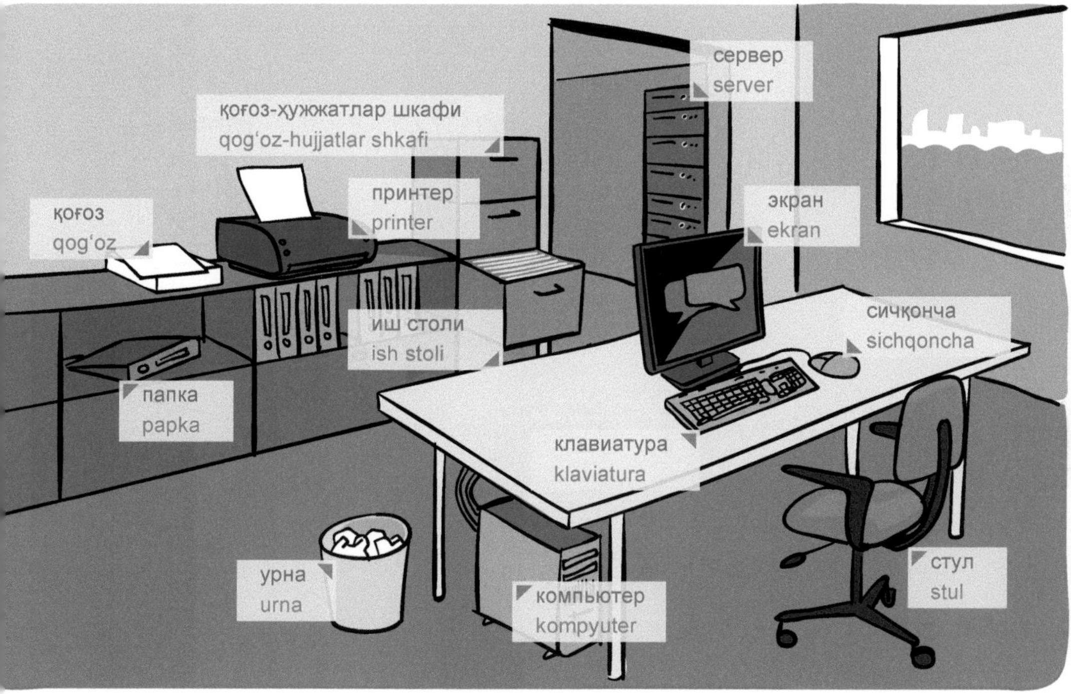

- сервер / server
- қоғоз-ҳужжатлар шкафи / qogʻoz-hujjatlar shkafi
- принтер / printer
- экран / ekran
- қоғоз / qogʻoz
- иш столи / ish stoli
- сичқонча / sichqoncha
- папка / papka
- клавиатура / klaviatura
- урна / urna
- компьютер / kompyuter
- стул / stul

кофе кружкаси
kofe krujkasi

калькулятор
kalkulyator

интернет
internet

ноутбук
noutbuk

хат
xat

мактуб
maktub

уяли телефон
uyali telefon

тармоқ
tarmoq

нусха кўчиргич
nusxa koʻchirgich

дастур
dastur

телефон
telefon

розетка
rozetka

факс
faks

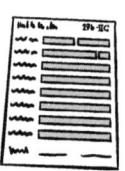
шакллар
shakllar

ҳужжат
hujjat

иқтисод
iqtisod

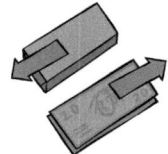

харид қилмоқ
xarid qilmoq

тўламоқ
to'lamoq

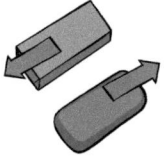

савдолашмоқ
savdolashmoq

пул
pul

доллар
dollar

евро
yevro

йен
yyen

рубль
rubl

швейцар франки
shvetsar franki

Кэньминьби хитой юани
Jenminbi xitoy yuani

рупи
rupi

банкомат
bankomat

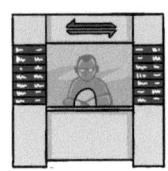

пул айирбошлаш шаҳобчаси
pul ayirboshlash shahobchasi

олтин
oltin

кумуш
kumush

нефт
neft

энергия
energiya

нарх
narx

шартнома
shartnoma

солиқ
soliq

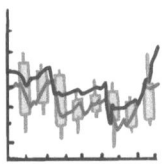

акция
aktsiya

ишламоқ
ishlamoq

ишчи
ishchi

иш берувчи
ish beruvchi

завод
zavod

дўкон
do'kon

иқтисод - iqtisod

касблар
kasblar

полициячи
politsiyachi

ўт ўчирувчи
o't o'chiruvchi

ошпаз
oshpaz

шифокор
shifokor

учувчи
uchuvchi

боғбон
bog'bon

дурадгор
duradgor

тикувчи
tikuvchi

ҳакам
hakam

кимёгар
kimyogar

актёр
aktyor

автобус ҳайдовчиси
avtobus haydovchi

такси ҳайдовчи
taksi haydovchisi

балиқчи
baliq ovlovchi

фаррош
farrosh

том устаси
tom ustasi

официант
ofitsiant

овчи
ovchi

бўёқчи
bo'yoqchi

нонвой
nonvoyxona

электр устаси
elektr ustasi

қурувчи
quruvchi

муҳандис
muhandis

қассоб
qassob

сувчи чилангар
suvchi chilangar

почтачи
pochtachi

касблар - kasblar

аскар
askar

меъмор
me'mor

ғазначи
kassachi

гулчи
gulchi

сартарош
sartarosh

чиптачи
chiptachi

механик
mexanik

капитан
kapitan

тиш шифокори
tish shifokori

олим
olim

яхудийлар руҳонийси
yaxudiylar ruhoniysi

имом
imom

роҳиб
rohib

руҳоний
ruhiniy

асбоблар
asboblar

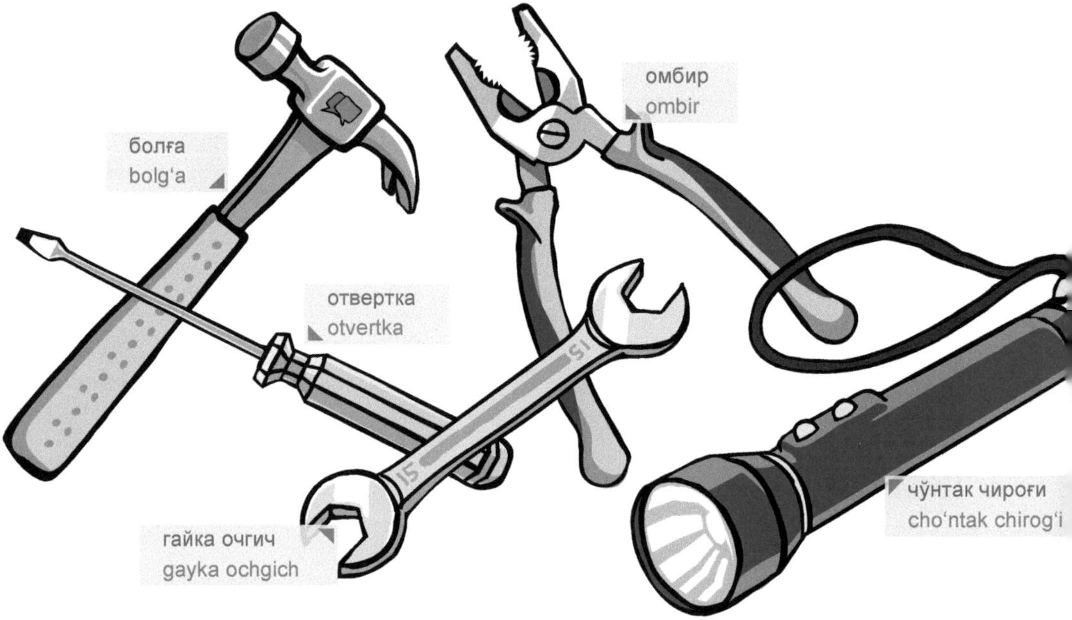

болға
bolg'a

омбир
ombir

отвертка
otvertka

гайка очгич
gayka ochgich

чўнтак чироғи
cho'ntak chirog'i

экскаватор

ekskavator

асбоблар қутиси

asboblar qutisi

нарвон

narvon

қўларра

qo'larra

мих

mix

пармадаста

parmadasta

тузатмоқ
tuzatmoq

белкурак
belkurak

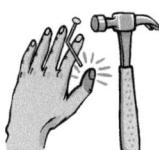
Жин урсин!
Jin ursin!

хокандоз
xokandoz

бўёқ идиш
bo'yoq idish

бурама мих
burama mix

мусиқа асбоблари
musiqa asboblari

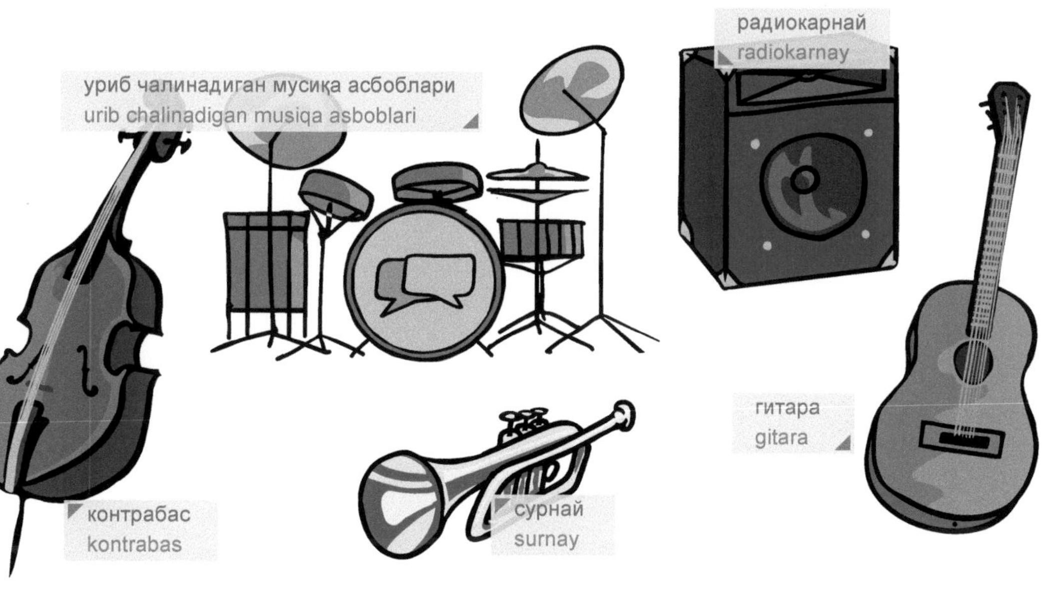

уриб чалинадиган мусиқа асбоблари
urib chalinadigan musiqa asboblari

радиокарнай
radiokarnay

гитара
gitara

контрабас
kontrabas

сурнай
surnay

пианино

pianino

ғижжак

g'ijjak

бас-гитара

bas-gitara

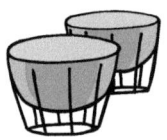

қўшноғора

qo'shnog'ora

дўмбира

do'mbira

клавиатура

klaviatura

саксофон

saksofon

най

nay

микрофон

mikrofon

мусиқа асбоблари - musiqa asboblari

ҳайвонот боғи
hayvonot bog'i

кириш / kirish

арслон / arslon

қафас / qafas

зебра / zebra

ем / yem

панда / panda

ҳайвонлар
hayvonlar

фил
fil

кенгуру
kenguru

каркидон
karkidon

горилла
gorilla

айиқ
ayiq

туя
tuya

туяқуш
tuyaqush

шер
sher

маймун
maymun

фламинго
qizil g'oz

тўти
to'ti

оқ айиқ
oq ayiq

пингвин
pingvin

акула
akula

товус
tovus

илон
ilon

тимсоҳ
timsoh

ҳайвонот боғи қоровули
hayvonot bog'i qorovuli

тюлень
tyulen

ягуар
yaguar

60   ҳайвонот боғи - hayvonot bog'i

тўпичоқ от
to'pichoq ot

қоплон
qoplon

бегемот
begemot

жирафа
jirafa

бургут
burgut

эркак чўчқа
erkak cho'chqa

балиқ
baliq

тошбақа
toshbaqa

морж
morj

тулки
tulki

оҳу
ohu

ҳайвонот боғи - hayvonot bog'i

спорт ўйинлари
sport o'yinlari

америка футболи / amerika futboli
велосипед ҳайдаш / yugurish
теннис / tennis
баскетбол / basketbol
сузиш / suzish
бокс / boks
муз хоккейи / muz xokkeyi

футбол / futbol
бадминтон / badminton
енгил атлетика / yengil atletika

қўлтўпи / qo'lto'pi
чанғи учиш / chang'i uchish
поло / polo

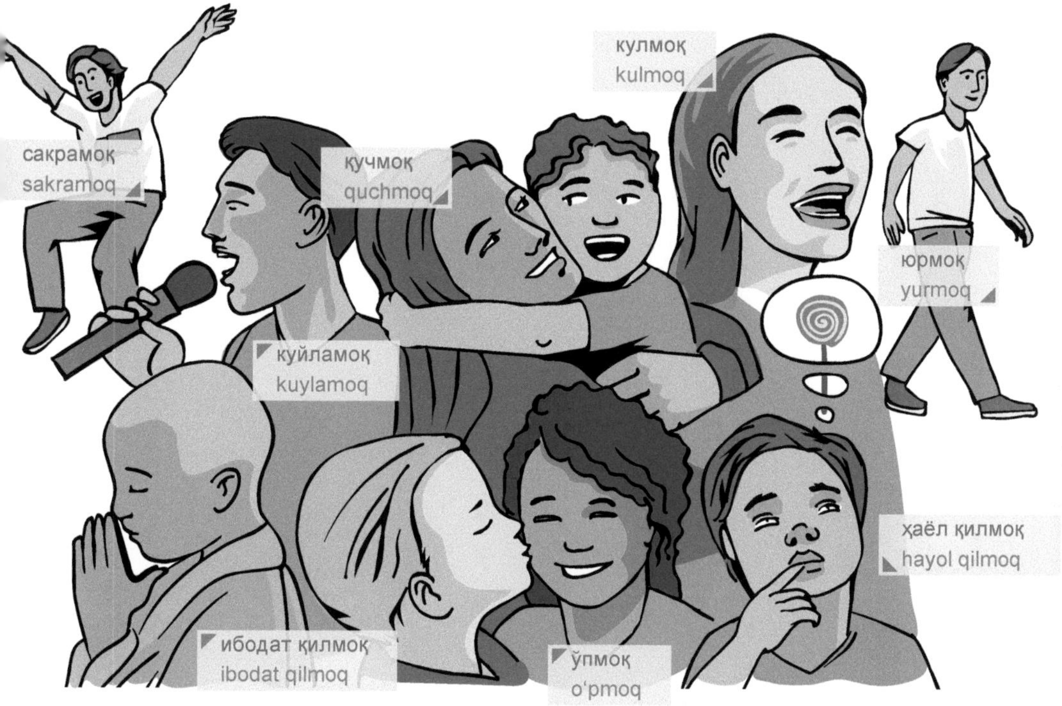

машғулот
mashg'ulot

- сакрамоқ / sakramoq
- кулмоқ / kulmoq
- қучмоқ / quchmoq
- юрмоқ / yurmoq
- куйламоқ / kuylamoq
- ҳаёл қилмоқ / hayol qilmoq
- ибодат қилмоқ / ibodat qilmoq
- ўпмоқ / o'pmoq

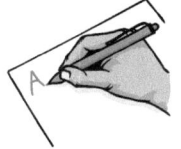

ёзмоқ
yozmoq

чизмоқ
chizmoq

кўрсатмоқ
ko'rsatmoq

итармоқ
itarmoq

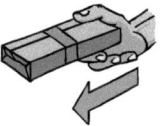

бермоқ
bermoq

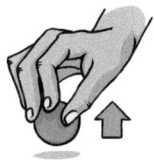

олмоқ
olmoq

эга бўлмоқ
ega bo'lmoq

бажармоқ
bajarmoq

бўлмоқ
bo'lmoq

турмоқ
turmoq

югурмоқ
yugurmoq

тортмоқ
tortmoq

улоқтирмоқ
uloqtirmoq

йиқилмоқ
yiqilmoq

алдамоқ
aldamoq

кутмоқ
kutmoq

ташимоқ
tashimoq

ўтирмоқ
o'tirmoq

кийинмоқ
kiyinmoq

ухламоқ
uxlamoq

уйғонмоқ
uyg'onmoq

қарамоқ

qaramoq

йиғламоқ

yig'lamoq

зарба бермоқ

zarba bermoq

тарамоқ

taramoq

гаплашмоқ

gaplashmoq

тушунмоқ

tushunmoq

сўрамоқ

so'ramoq

тингламоқ

tinglamoq

ичмоқ

ichmoq

емоқ

yemoq

йиғиштирмоқ

yig'ishtirmoq

севмоқ

sevmoq

пиширмоқ

pishirmoq

ҳайдамоқ

haydamoq

учмоқ

uchmoq

машғулот - mashg'ulot

кемада сузмоқ
kemada suzmoq

ҳисобламоқ
sanamoq

ўқимоқ
o'qimoq

ўрганмоқ
o'rganmoq

ишламоқ
ishlamoq

турмуш қурмоқ
turmush qurmoq

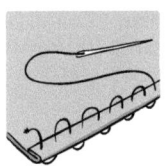
тикмоқ
tikmoq

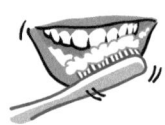
тиш ювмоқ
tish yuvmoq

ўлдирмоқ
o'ldirmoq

чекмоқ
chekmoq

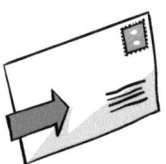
йўлламоқ
yo'llamoq

оила
oila

буви / buvi
бува / buva
ота / ota
она / ona
чақалоқ / chaqaloq
қиз / qiz
ўғил / o'g'il

меҳмон
mehmon

амма
amma

тоға
tog'a

ака
aka

опа
opa

тана
tana

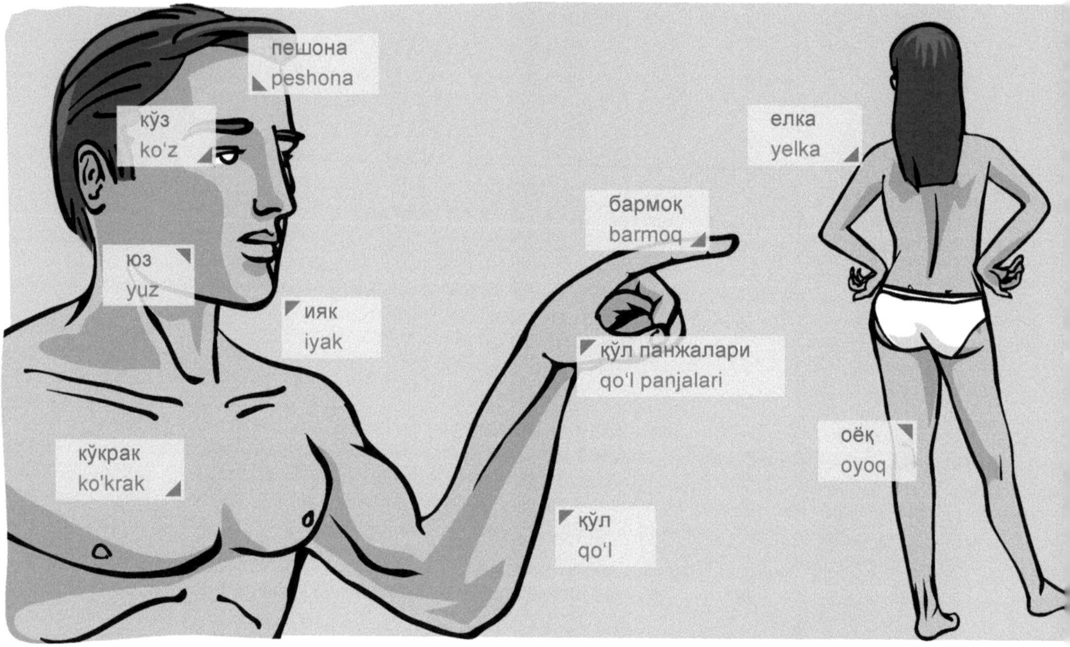

пешона / peshona
кўз / ko'z
юз / yuz
ияк / iyak
кўкрак / ko'krak
елка / yelka
бармоқ / barmoq
қўл панжалари / qo'l panjalari
оёқ / oyoq
қўл / qo'l

чақалоқ
chaqaloq

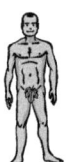

одам
odam

аёл
ayol

қиз бола
qiz bola

ўғил бола
o'g'il bola

бош
bosh

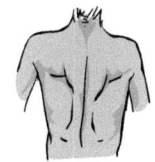
орқа
orqa

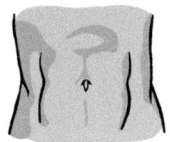
қорин
qorin

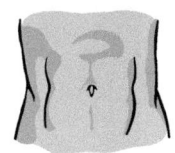
киндик
kindik

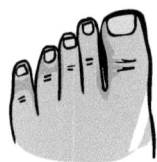
оёқ панжаси
oyoq barmoqlari

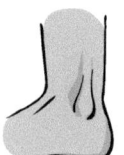
товон
tovon

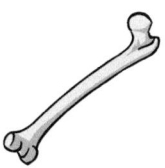
суяк
suyak

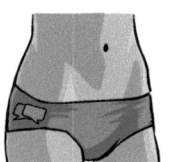
бел
bel

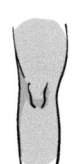
тизза
tizza

тирсак
tirsak

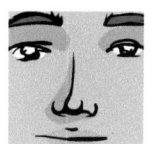
бурун
burun

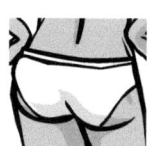
думба
dumba

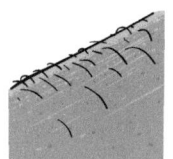
тери
teri

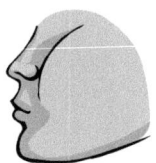
яноқ
yanoq

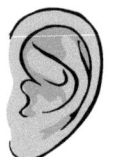
қулоқ
quloq

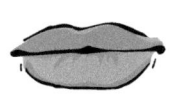
лаб
lab

тана - tana

оғиз

og'iz

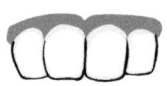

тиш

tish

тил

til

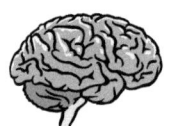

мия

miya

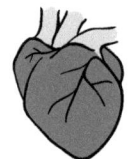

юрак

yurak

мушак

mushak

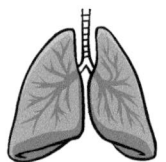

ўпка

o'pka

жигар

jigar

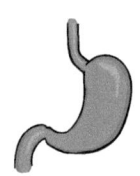

ошқозон

oshqozon

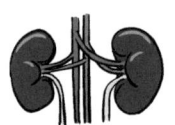

буйрак

buyrak

жинсий алоқа

jinsiy aloqa

презерватив

prezervativ

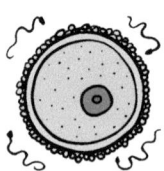

тухум хўжайра

tuxum ho'jayra

уруғ

urug'

ҳомиладорлик

homiladorlik

тана - tana

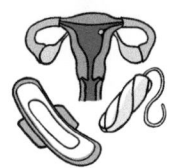

ҳайз
hayz

бачадон
bachadon

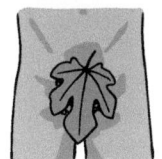

олат
olat

қош
qosh

соч
soch

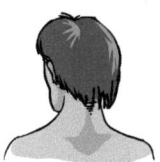

бўйин
bo'yin

шифохона
shifoxona

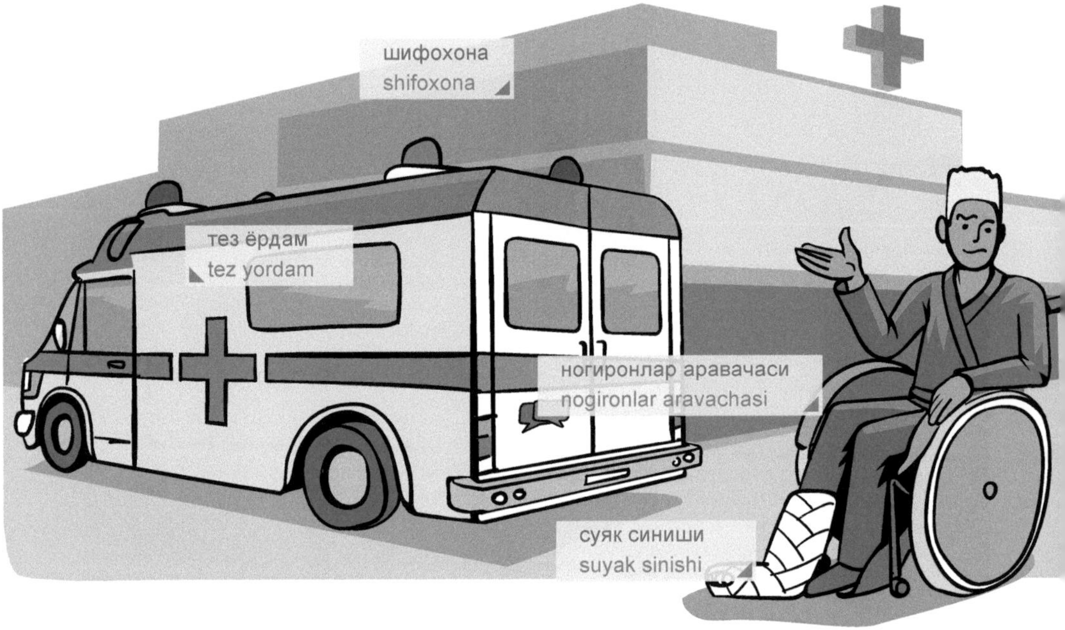

шифохона
shifoxona

тез ёрдам
tez yordam

ногиронлар аравачаси
nogironlar aravachasi

суяк синиши
suyak sinishi

шифокор

shifokor

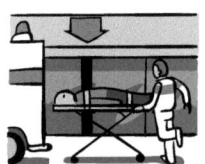

Шошилинч тиббий ёрдам
кўрсатиш бўлими

Shoshilich tibbiy yordam
koʻrsatish boʻlimi

ҳамшира

hamshira

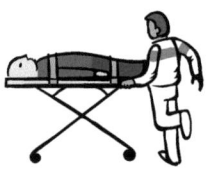

тез ёрдам

tez yordam

ҳушсизлик

hushsizlik

оғриқ

ogʻriq

жароҳат
jarohat

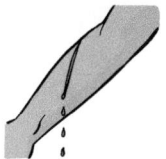
қонаш
qonash

юрак хуружи
yurak xuruji

инсульт
insulьt

аллергия
allergiya

йўтал
yo'tal

иситма
isitma

тумов
tumov

ич кетиш
ichburug'

бош оғриғи
bosh og'rig'i

саратон касали
saraton kasalligi

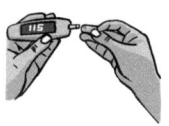
қандли диабет
qandli diabet

жарроҳ
jarroh

жарроҳ пичоғи
jarroh pichog'i

жарроҳлик амалиёти
jarrohlik amaliyoti

шифохона - shifoxona

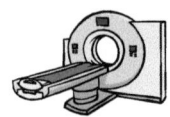
томография
tomografiya

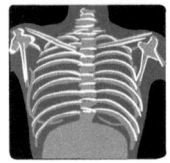
рентген
rentgen

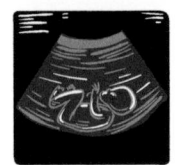
ултратовуш текшируви
ultratovush tekshiruvi

юз ниқоби
yuz niqobi

касаллик
kasallik

қабулхона
qabulxona

қўлтиқтаёқ
qoʻltiqtayoq

малҳамли пластир
malhamli plastir

бинт
bint

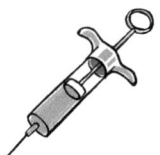
укол
ukol

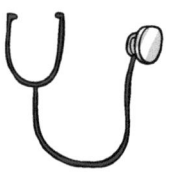
юрак урушини ва ўпкани эшитиб кўрадиган асбоб
yurak urushini va oʻpkani eshitib koʻradigan asbob

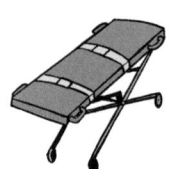
беморлар учун замбил
bemorlar uchun zambil

термометр
termometr

туғруқ
tugʻruq

семизлик
semizlik

шифохона - shifoxona

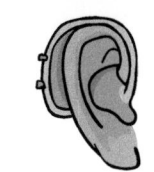
эшитиш мосламаси
eshitish moslamasi

дезинфекцияловчи восита
dezinfektsiyalovchi vosita

инфекция
infektsiya

вирус
virus

ОИВ / ОИТС
OIV / OITS

дори
dori

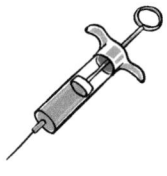
эмлаш
emlash

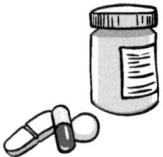
таблетка
tabletka

дори
dori

тез ёрдам қўнғироғи
tez yordam qo'ng'irog'i

қон босимини ўлчаш асбоби
qon bosimini o'lchash asbobi

касал / соғлом
kasal / sog'lom

шифохона - shifoxona

тез ёрдам
tez yordam

Ёрдам беринглар!

Yordamga!

хавф-хатар ишораси

xavf-xatar ishorasi

тажовуз

tajovuz

ҳужум

hujum

хавф

xavf

фавқулодда ҳолатларда чиқиш эшиги

favqulodda holatlarda chiqish eshigi

Ёнғин!

Yong'in

ўт ўчиргич

o't o'chirgich

фалокат

falokat

биринчи тиббий ёрдам тўплами

birinchi tibbiy yordam to'plami

фалокат сигнали

falokat signali

полиция

politsiya

Ep
yer

Европа

Yevropa

Шимолий Америка

Shimoliy Amerika

Жанубий Америка

Janubiy Amerika

Африка

Afrika

Осиё

Osiyo

Австралия

Avstraliya

Атлантик океани

Anlantika okeani

Тинч океани

Tinch okeani

Ҳинд океани

Hind okeani

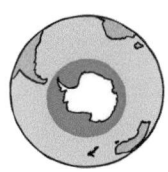

Антарктида океани

Antarktida okeani

Арктика океани

Arktika okeani

Шимолий қутб

Shimoliy qutb

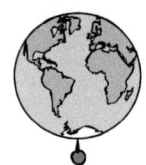

Жанубий қутб

Janubiy qutb

Антарктика

Antarktika

Ер

yer

ўлка

o'lka

денгиз

dengiz

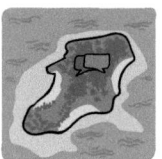

орол

orol

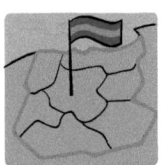

миллат

millat

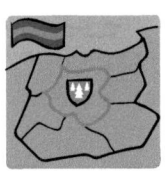

давлат

davlat

соат
soat

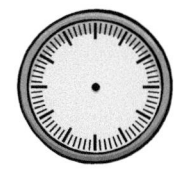

астрономик вақт кўрсатгичи
astronomik vaqt ko'rsatgichi

соат мили
soat mili

дақиқа мили
daqiqa mili

сония мили
lahza mili

Соат неча?
Soat necha?

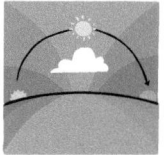

кун
kun

вақт
vaqt

ҳозир
hozir

рақамли соат
raqamli soat

дақиқа
daqiqa

соат
soat

хафта
xafta

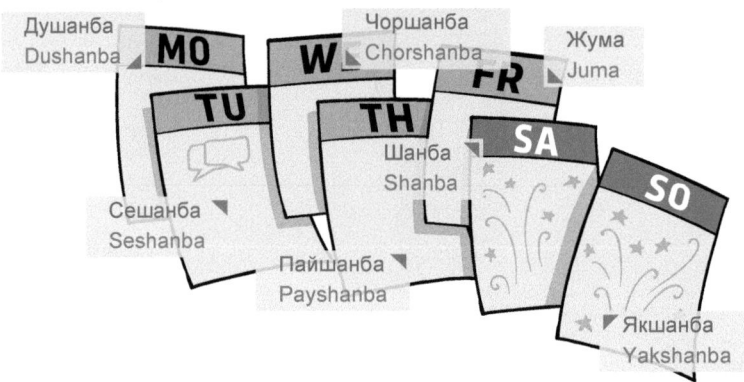

Душанба / Dushanba
Сешанба / Seshanba
Чоршанба / Chorshanba
Пайшанба / Payshanba
Жума / Juma
Шанба / Shanba
Якшанба / Yakshanba

кеча
kecha

бугун
bugun

эртага
ertaga

эрталаб
ertalab

пешин
peshin

кечқурун
kechqurun

иш кунлари
ish kunlari

дам олиш кунлари
dam olish kunlari

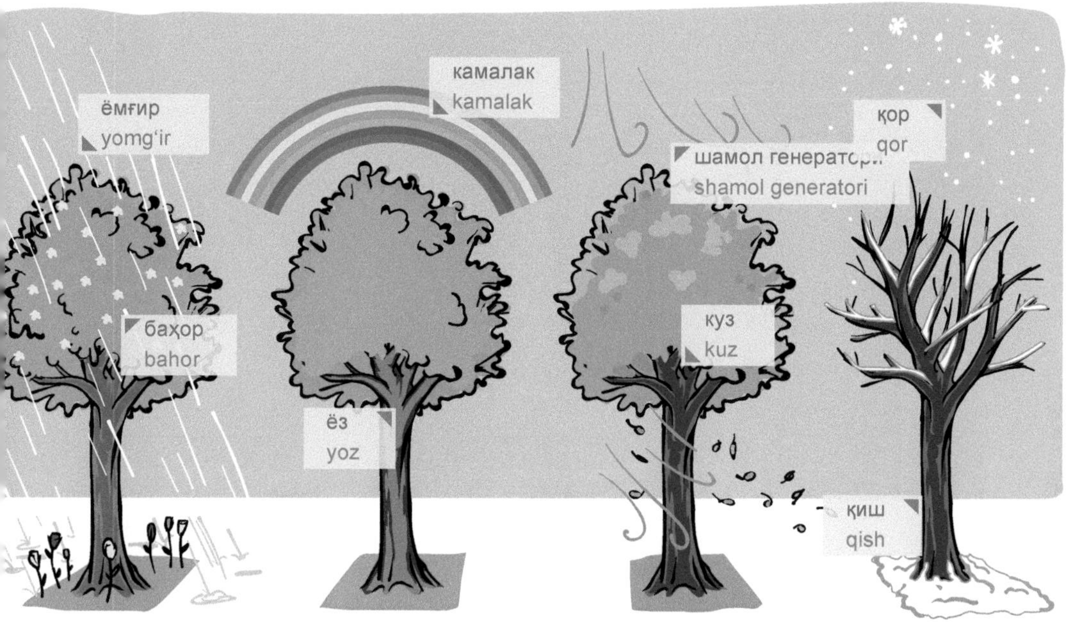

йил
yil

ёмғир / yomg'ir
камалак / kamalak
қор / qor
шамол генератори / shamol generatori
баҳор / bahor
ёз / yoz
куз / kuz
қиш / qish

об-ҳаво маълумоти
ob-havo ma'lumoti

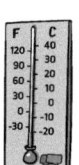

термометр
termometr

қуёшли
quyoshli

булут
bulut

туман
tuman

намгарчилик
namgarchilik

чақмоқ
chaqmoq

момоқалдироқ
momoqaldiroq

бўрон
bo'ron

дўл
do'l

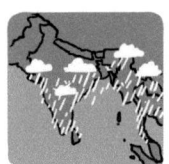
намгарчилик мавсуми
namgarchilik mavsumi

тошқин
toshqin

муз
muz

Январь
Yanvar

Февраль
Fevral

Март
Mart

Апрель
Aprel

Май
May

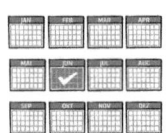
Июнь
Iyun

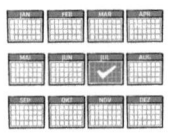
Июль
Iyul

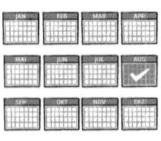
Август
Avgust

йил - yil

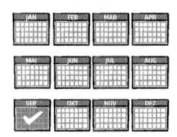

Сентябрь

Sentyabr

Октябрь

Oktyabr

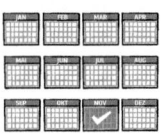

Ноябрь

Noyabr

Декабрь

Dekabr

шакллар
shakllar

айлана

aylana

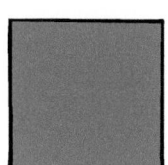

квадрат

kvadrat

тўртбурчак

to'rtburchak

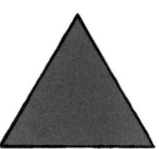

учбурчак

uchburchak

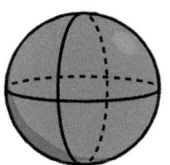

доира

doira

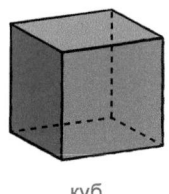

куб

kub

ранглар
ranglar

оқ
oq

сариқ
sariq

сабзи ранг
sabzi rang

пушти
pushti

қизил
qizil

тўқ қизил
to'q qizil

кўк
ko'k

яшил
yashil

жигар ранг
jigar rang

кул ранг
kul rang

қора
qora

қарама-қарши маъноли сўзлар
qarama-qarshi ma'noli so'zlar

кўп / оз

ko'p / oz

ғазабли / хотиржам

g'azabli / xotirjam

гўзал / хунук

go'zal / xunuk

боши / охири

boshi / oxiri

катта / кичик

katta / kichik

ёруғ / қоронғу

yorug' / qorong'u

ака / сингил

aka / singil

тоза / ифлос

toza / iflos

тўлиқ / чала

to'liq / chala

кун / тун

kun / tun

ўлик / тирик

o'lik / tirik

кенг / тор

keng / tor

еса бўладиган / еса бўлмайдиган

yesa bo'ladigan / yesa bo'lmaydigan

ёвуз / хайрли

yovuz / xayrli

ҳаяжонли / зерикарли

hayajonli / zerikarli

семиз / озғин

semik / oriq

биринчи / охирги

birinchi / oxirgi

дўст / душман

do'st / dushman

тўла / бўш

to'la / bo'sh

қаттиқ / юмшоқ

qattiq / yumshoq

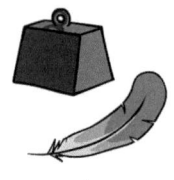

оғир / енгил

og'ir / yengil

очлик / чанқов

ochlik / chanqov

касал / соғлом

kasal / sog'lom

ноқонуний / қонуний

noqonuniy / qonuniy

зиёли / калтафаҳм

ziyoli / kaltafahm

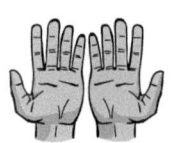

чап / ўнг

chap / o'ng

яқин / узоқ

yaqin / uzoq

янги / ишлатилган

yangi / ishlatilgan

ҳеч нарса / бир нарса

hech narsa / bir narsa

қари / ёш

qari / yosh

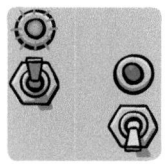

ёниқ / ўчиқ

yoniq / oʻchiq

очиқ / ёпиқ

ochiq / yopiq

паст / баланд

past / baland

бой / камбағал

boy / kambagʻal

тўғри / нотўғри

toʻgʻri / notoʻgʻri

нотекис / текис

notekis / tekis

хафа / хурсанд

xafa / xursand

қисқа / узун

qisqa / uzun

секин / тез

sekin / tez

нам / қуруқ

nam / quruq

илиқ / салқин

iliq / salqin

уруш / тинчлик

urush / tinchlik

қарама-қарши маъноли сўзлар - qarama-qarshi maʼnoli soʻzlar

рақамлар
raqamlar

0
ноль
nol

1
бир
bir

2
икки
ikki

3
уч
uch

4
тўрт
toʻrt

5
беш
besh

6
олти
olti

7
етти
yetti

8
саккиз
sakkiz

9
тўққиз
toʻqqiz

10
ўн
oʻn

11
ўн бир
oʻn bir

12 — ўн икки — o'n ikki

13 — ўн уч — o'n uch

14 — ўн тўрт — o'n to'rt

15 — ўн беш — o'n besh

16 — ўн олти — o'n olti

17 — ўн етти — o'n yetti

18 — ўн саккиз — o'n sakkiz

19 — ўн тўққиз — o'n to'qqiz

20 — йигирма — yigirma

100 — юз — yuz

1.000 — минг — ming

1.000.000 — миллион — million

тиллар
tillar

Инглиз

Ingliz

Америкача инглиз тили

Amerikacha ingliz tili

Хитой тилининг Мандарин лаҳчаси

Xitoy tilining Mandarin lahchasi

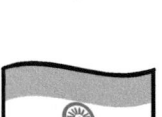

Ҳинд

Hind

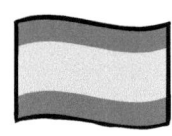

Испан

Ispan

Француз

Frantsuz

Араб

Arab

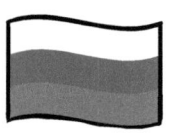

Рус

Rus

Португал

Portugal

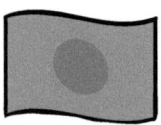

Бенгал

Bengal

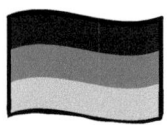

Немис

Nemis

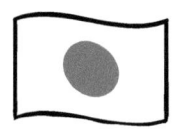

Япон

Yapon

ким / нима / қандай
kim / nima / qanday

Мен
Men

Сен
Sen

у / у / у
u / u / u

биз
biz

сизлар
sizlar

улар
ular

ким?
kim?

нима?
nima?

қандай?
qanday?

қаерда?
qayerda?

қачон?
qachon?

исм
ism

қаерда
qayerda

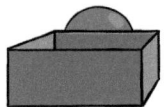

орқада
orqada

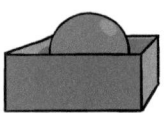

ичида
ichida

олдида
oldida

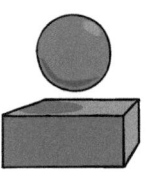

узра
uzra

устида
ustida

тагида
tagida

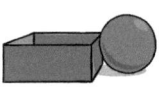

ёнида
yonida

ўртасида
o'rtasida

жой
joy